Paul. Koch

Der Flöhhaz

Paul. Koch

Der Flöhhaz

ISBN/EAN: 9783744612296

Hergestellt in Europa, USA, Kanada, Australien, Japan

Cover: Foto ©ninafisch / pixelio.de

Weitere Bücher finden Sie auf **www.hansebooks.com**

DER FLÖHHAZ

VON

HANN FISCHART und MATHIAS HOLTZWART

— ———

INAUGURAL-DISSERTATION

ZUR

ERLANGUNG DER DOKTORWÜRDE

VON DER

PHILOSOPHISCHEN FAKULTÄT

DER

FRIEDRICH-WILHELMS-UNIVERSITÄT ZU BERLIN

GENEHMIGT

UND NEBST DEN BEIGEFÜGTEN THESEN ÖFFENTLICH
ZU VERTEIDIGEN

AM 9. FEBRUAR 1892

VORMITTAGS 11 UHR

VON

PAUL KOCH

AUS BERLIN.

—

OPPONENTEN:

GEORG RICHTER, CAND. PHIL.
MAX RIESS, DR. PHIL.
HUGO HARTMANN, DR. PHIL.

————————— ⚫ ⚫ —————————

BERLIN 1892.

DRUCK VON FRANZ ROSENTHAL, KLOSTER-STR. 52.

gung mit **Fischart** und seiner Zeit, deren weitere litterarische u sprachliche Ergebnisse nach und nach in Einzelabhandlungen scheinen sollen.

hervorragende Stelle ein, für das 16. Jahrhundert zweifello:
die bedeutendste, von der ihn auch Rollenhagens über Gebüh:
gepriesener Froschmäuseler nicht verdrängen kann. Zwa
eine bewusst neue Richtung, wie behauptet worden ist
suchte er nicht anzubahnen. In dieser Hinsicht enthäl
das Werk selbst in seinen Schlussversen „Friden vnn(
rhuw ... Wünschet dem Läser*) J. F. G. M." den beste:
Wegweiser, und der leitet uns von der Batrachomyomachi(
und Aesop, von Pseudo-Vergils Culex und Pseudo-Ovid:
Nux zu Lucians Mückenlob und den nach diesem Vorbil(
geschaffenen und besonders durch Erasmus' Beispiel ange
regten Laudes oder Enkomien der Reformationszeit. E:
wird ferner auf die allerdings etwas abseits gelegenen un(
meist älteren Conflictus gedeutet: den ernst volkstümliche:
vom Buchsbaum und Felbiger, den heiteren vom Sewsac!
und Stockfisch, auch auf eklere. Schliesslich werden wi
auf Brant und den Grobianus geführt, und schon darau;
ginge, selbst wenn es nicht V. 156 ausdrücklich gesag
wäre, die Tendenz des Buches hervor, nämlich „schertzweis;
was zu lehren" und so „den Haufen derer zu vermehren", di(

158 f.   durch die obgemelte ding
        Wiewol sie scheinen sehr gering,
        Offt etwas höhers han gemeint.

Der Flöhhaz ist also seinerzeit als ein didaktisches Werl
auf den litterarischen Markt gebracht worden, die mensch
liche Überhebung sollte darin lächerlich gemacht werden

---

*) In allen Citaten ist die ursprüngliche Orthographie beibehalten
nur muss aus Mangel an Typen darauf verzichtet werden, die Umlaut(
von a, o, u und au teilweise durch ein übergedrucktes kleines e, sowi(
öfter vorkommendes u mit drüberstehendem o dem Original getreu wieder
zugeben. Jene Typen sind rein äusserlich, der Anwendung der letztere:
aber scheint mir, wie ich gelegentlich ausführen werde, eine besonder(

Nun ist aber zu bemerken, dass diese Tendenz in der
Dichtung selbst durchaus nicht überall und nicht aufdring-
lich hervortritt. Nur im 2. Teile, und auch dort künstlerisch
verdeckt, wird sie vorgetragen, und dieser ist also nach der
Absicht seines Verfassers als der den eigentlichen Inhalt
bildende anzusehen. Der 1. Teil dagegen, der nur eine Ein-
leitung zum 2. sein, diesem nur als Folie dienen sollte, hält
sich frei von jeder Didaxis, er ist ein rein komisches Epos
und ein Meisterstück eines solchen. Anders ist oft die
Absicht, anders der Erfolg. Um die lehrhafte Tendenz des
Ganzen werden sich schon bei seinem Erscheinen die Leser
wenig gekümmert haben, wenn sie sich derselben überhaupt
bewusst wurden; die komische Epik aber des 1. Teiles fand
den lebhaftesten Anklang. War hier doch zum ersten Male
wieder seit langer Zeit ein grösserer Stoff episch gestaltet,
ein einfach erzählender Ton angeschlagen worden, trat doch
so den äsopischen Fabeln eines Waldis und Hans Sachs,
anderseits auch dem nüchternen hochdeutschen Reineke Fuchs
von 1544 ein echtes Tierepos entgegen. Und dies epische
Element wirkte erfrischend fort vor allem auf Wolfhart
Spangenberg; kleineren Geistern wie Fuchs und Messer-
schmid fehlte doch das rechte künstlerische Gefühl, jener
aber mit köstlichem Humor leitete das Tierepos in das
17. Jahrhundert hinüber. Da ist es dann wie so manch
anderer Schatz des 16. bald verachtet und vergessen worden.
Ein abgestorbener Zweig der deutschen Dichtung, dessen
letzte Blüte also mit dem Erscheinen des Flöhhazes, und
vorzüglich durch dessen 1. Teil hervorgerufen, ansetzt.

Um dieses 1. Teiles willen ist Fischart auch bis heut
noch stets besonders gerühmt worden. Hier hatte er, der
Rabelaisist, sich jener vollgepackten Darstellung mit ihren
tausenderlei meist dunklen Beziehungen auf die mannig-
fachsten Zeitverhältnisse enthalten, die uns das Lesen z. B.
der Praktik und des Gargantua so sehr erschweren; hier
hatte er, der sonst meist nach fremdem Muster übersetzend,
erweiternd, umgestaltend arbeitete, den Stoff einmal frei aus
sich heraus gebildet; hier hatte er seine originellste Dichtung
geschaffen. Nicht nur Wackernagel (Johann Fischart von

Strassburg und Basels Anteil an ihm. Basel 1870, S. 72)
hält deshalb den Flöhhaz für „das vorzüglichste seiner in
Reimen abgefassten Werke."
Diese Ansicht darf nicht länger bestehen. Die vorliegende Arbeit will nachweisen, dass der 1. Teil des Flöhhazes von 1573 überhaupt nicht von Fischart herrührt.

Wir besitzen den Flöhhaz in 2 Ausgaben: der ursprüng-
lichen von 1573 (A) *) und der vollständigen Neubearbeitung
von 1577 (B) **), welch letztere dann alle uns weiter bekannten Auflagen wiederholen: 1578, 1594, 1601, 1610 mit
2 Zusätzen, dem Lob der Mucken und des Flohes Strauss
mit der Lauss †), (1660?).

Die beiden Ausgaben sind bisher weder an sich ein-
gehend betrachtet, noch ist ihr Verhältnis zu einander genauer untersucht worden, auch nicht, nachdem das einzig
erhaltene Exemplar von A, welches sich jetzt auf der Königl.
Berliner Bibliothek befindet, durch den Hallenser Neudruck
allgemein zugänglich geworden war. Was Kurz a. a. O.
Teil 2, S. XXVI sagt, ist wenig und oberflächlich; Wendeler,
Neudr. S. IX, stellt die in A u. B. einander entsprechenden
Verszahlen zusammen. Und welch lohnender Blick lässt sich
hier in Fischarts journalistische Arbeitsstube zu Strassburg thun!

Wir betrachten zunächst die erste Ausgabe. Sie zer-
fällt (wie auch B) in mehrere auch äusserlich geschiedene
Teile: 1. Hauptteil, V. 1—892, Des Flohs Klag, von der
Weiber Todschlag, in eim gespräch mit der Mucken fürge-
bracht, zusehen wie vnschuldig man sie schlacht. Ich nenne

---

*) ed. Wendeler, Hall. Neudr. No. V, 1877.

**) abgedruckt (nach der Auflage von 1578) bei Kurz, Joh. Fischarts
sämtliche Dichtungen. 3 Teile, Leipzig 1866. Teil 2, S. 1—188; auch
bei Goedeke, Dichtungen von Joh. Fischart. Leipzig 1880 = Bd. 15 der
dtsch. Dichter des 16. Jhds. ed. Goedeke und Tittmann. S. 1—125.

†) beide bei Kurz, S. 121—175. Das Lob der Mucken auch bei

diesen fortan die Flohklage. 2. Hauptteil, V. 893—2120,
Die Nütwendige und Böständige Verantwortung der Weiber,
auff die vnbändige klag des ... Flöh Brüstleins (wohl
Druckfehler für Bürstleins, wie richtig in B), sampt des
selbigen ... Vrtheil vnnd vertrag, ... gestellet ... durch den
Flöh Cantzler. 3. 13 Recept für die Flöh, das sie nicht
schaden meh. 4. das 6strophige alt gemein Flöhen Lied und
5. die erwähnten 230 Schlussverse Friden vnnd rhuw etc.

Die beiden Hauptteile nun zeigen, wie sich aus einer
aufmerksamen Vergleichung ergiebt, einen in mehrfacher
Hinsicht auffallend von einander abweichenden Charakter.
Zunächst metrisch. Fischart teilt in hohem Masse das
öfter ausgesprochene Streben des 16. Jahrhunderts, dem
epischen Verse regelmässig 8 bez. 9 Silben zu geben, ebenso
hat er ein verhältnismässig feines Gefühl für Reinheit der
Reime. Der 2. Teil bringt demgemäss in seinen 1228 Versen
nur 5 Verstösse gegen die Silbenzahl:

1a. statt 8 Silben 7 : o
  b.   „   „   „   9 : V. 1402, 1605. 1649
2a.   „   9   „   8 : V. 1502
  b.   „   „   „ 10 : V. 2026.

Die Flohklage dagegen zeigt:

1a. V. 316, 362, 371. 617, 633, 792, 805
  b. V. 541, 686, 779, 830
2a. V. 351
  b. V. 65

also auf 892 Verse 13 ungenaue. Indes soll auf diesen
Punkt nicht zuviel Gewicht gelegt werden; die Fehler, meist
auf unterlassenen Synkopierungen beruhend, können teilweise
auch dem Setzer zur Last fallen. Massgebender schon ist
die Behandlung der Reime. Im 2. Teil berührt wohlthuend
eine besondere Reinheit derselben, das höchste sind z. B.
V. 1501 Wintter : hindert, 1759 sprechen : möchten. In
der Flohklage dagegen finden sich auffallend viel Assonanzen,
darunter ganz gewaltsame: V. 99 weiss : Fleisch, 195 offen :
bossen, 303 halben : Galgen, ebenso 883, 367 griff : erwüscht,
511 deck : thet, 613 stuben : entfluhen, 381 zuerschlagen :
Taller, s. weiter V. 263, 285, 501, 517, 563, 618, 683, 747, 853.

Ferner bemerken wir im 2. Teile die häufige Anwendung gewisser Reimkünste, die wir im 1. durchaus vermissen. Es finden sich a) gleitende Reime: V. 1379 peinigen : reinigen, 681 predigen : erledigen, 1931 besichtigen : züchtigen. Diese sind nicht etwa zu synkopieren, denn sie stehen in 3 genau so V. 3385, 3757, 4003. b) erweiterte Reime: 7. 1007 Mörderin : Mörderhin, 1067 sehr die Ratzen : mehr die Spatzen, 1195 Weiberstieber: Weibern lieber, 1403 nichtig reud : vnfürsichtigkeit. c) Reimhäufungen: V. 957—60 tecken : Röcken : schrecken : Hecken, so noch 1115—18, 119—22, 1311—14, 1315—18, 1331—34, 1411—14, 2077—▮) Binnenreime: V. 1185:

> Dann wer da fleicht, den soll man jagen,
> Und wer verzeicht, den soll man schlagen,

benso 1115, 1612. e) viel Hilfsreime (Mittelreime V. Grimm): V. 1017:

> Das böss man von der Erden thu
> Auff das mit rhuw das gut nemm zu.

weitere 1019, 1184, 1352, 1355, 1365, 1460, 1602, 1610 614, 1616, 1732, 1870, 1881, 1917, 1966, 2078. Von ndet sich in der Flohklage keine Spur. Wohl abe ch gleich anschliessen will, begegnen wir dort rammatisch bis zur Unverständlichkeit flüchtig g ersen, wie sie wiederum der 2. Teil durchaus nicht nd wie sie auch Fischarts Art fremd sind:

> V. 197 Es kan auch keiner setzen an
> So seinds vorhanden, ist gethan.*)
> 464 Der aber wund vnd beinschröt wär
> Möcht bleiben in dem Spital, biss
> Er wider grad wurd vnd geniess
> Bey den Läusen haben für gut
> Da wurdens sein in sicher hut.**)
> 469 Die nacht wir also auff der Erd
> Verzogen, da der morgen werd

---

*) vielleicht zu erklären = so sind sie da und es ist gethan.
**) vielleicht so zu deuten: die Worte vnd geniess … bis gut steh m Möcht bleiben in dem Spital parallel; etwas für gut haben = zu

> Herfürer trat. Aurora schon
> Mit Rosenfarb schön angethon,
> Stund ich auff ... *)

Schon nach dem wenigen bisher Angeführten läge der Schluss nahe, dass die beiden Hauptteile des Flöhhazes von verschiedenen Verfassern herrühren; es wäre zu auffallend, dass ein Dichter zur selben Zeit zwei äusserlich offenbar so verschieden gearbeitete Abschnitte einer und derselben Dichtung in Druck gegeben haben sollte.

Wir vergleichen weiter. Auch im Stil zeigen beide Teile deutliche Unterschiede. Die Flohklage ist mit Ausnahme des dramatischen Anfangs, des sich vor Jupiters Thron entspinnenden Zwiegespräches zwischen Floh und Muck (V. 1 — 88), durchaus rein episch gehalten. Von V. 89 – 880 spricht mit kurzer Unterbrechung (V. 666—70) nur der Floh. Angstzitternd berichtet er, wie er der Küchenmägde überdrüssig in einem schönen Gemach eine Jungfrau getroffen, aber keine Gelegenheit gefunden habe, sich ihr zu nähern. Da habe er seine Eltern um Rat gefragt (V. 89—126). Sein Vater habe ihn gewarnt und ihm als abschreckendes Beispiel die eigenen einstigen Abenteuer in der Stadt Pulicana erzählt, von denen er schliesslich als der einzig überlebende heimgekehrt sei (die Schilderung dieser Abenteuer, V. 233—643, bildet den Kern der Flohklage). Er aber jugendthöricht habe nicht auf des Vaters Lehren geachtet und bei der bald folgenden Hochzeit jener Jungfrau sogar Eltern und Freunde bewogen, ihn dahin zu begleiten. Dort aber seien sie alle so in Bedrängnis geraten, dass nur er allein mit grosser Not sein Leben gerettet (V. 671—880). Muck sucht schiesslich den Floh zu trösten.

Schritt für Schritt geht die Erzählung vorwärts, ohne längeres Verweilen — nur die köstliche Schilderung des Weiberklatsches auf dem Gümpelmarkt, V. 332—358, macht eine Ausnahme — ohne einen Sprung zur Seite; die in der Natur des Stoffes begründeten bedenklichen Situationen werden in den nächstliegenden, derbsten Ausdrücken geschildert.

---

*) Wahrscheinlich ist hinter trat ein Komma zu setzen, und der Satz Aurora ... bis angethon ist Apposition zu morgen.

Die Anlage des Ganzen in seiner knappen Epik ist vortrefflich; herzlich ergötzen wir uns an den heldenhaften und altklugen Reden des kleinen Ungeziefers, das den Mund so voll nimmt, als wäre es Löwe und Elefant (so besonders in der Erzählung des Kriegszuges von V. 233 an); wir bewundern die feine Beobachtungsgabe, mit der auftretende Personen vorzüglich des Alltagslebens mit prächtigem Humor in allerdings oft kräftigen Strichen charakterisiert sind — aber Fischart spricht nicht zu uns.

Wer sich einigermassen mit Fischarts Art vertraut gemacht hat, wer seine Praktik, Jesuiterhütlein und Gargantua gelesen, der weiss, dass dieser Dichter, wenn er humoristisch wirken will, andere Mittel anwendet, als die Flohklage zeigt. Nicht umsonst ist er der grösste Virtuos unserer Sprache, als solchem genügen ihm die einfachen Töne nicht; ein keckes Capriccio, das ist sein Element, welches er meisterhaft beherrscht und mit dem er wirkt. Sein Hauptzweck ist, den Leser zu überraschen, zu blenden, ihn nicht zu Atem kommen zu lassen, und so lässt er ihn den tollen Fasching seiner bunten Wortnarren mittanzen, deren Masken zu lüften uns jetzt so schwer fällt, zieht er ihn hinein in die schier endlosen Schwärme seiner Synonyma in Wörtern und Sätzen. Kaum einmal im Ernst bleibt er im ruhig fortschreitenden Tempo*), wie viel weniger bei den Kindern seiner heiteren Laune. Naturgemäss lässt er hierbei in der ungebundenen Rede die Zügel mehr schiessen, aber auch unter der Fessel des Verses, die ihn übrigens nicht sehr drückt, verleugnet er sich nicht. Der zweite Teil unseres Flöhhazes giebt Zeugnis genug davon.

Von einer Handlung desselben kann man kaum sprechen. Der Dichter trägt als von Jupiter bestellter Flöh Cantzler und Notarius der Weiber deren ihm mit der Post zugekommene Verantwortung auf die Klage des Flohes vor. Grund auf Grund wird angeführt, dass die Verfolgungen zu Recht geschehen (V. 893—1690); schliesslich fällt er in 430 V. das Urteil gegen die Flöhe (V. 1691—2120). Und doch trotz aller Handlungslosigkeit wie bewegt ist das Ganze!

---

*) vgl. zb. Glückhaft Schiff V. 68 ff, 103 ff u. a.

Hier findet sich das bei Fischart so beliebte Spielen mit dem Worte. Man höre allein die Namen, welche der Dichter für das besungene Ungeziefer hat: Schwartze Knaben (V. 899), schwartz staubbürtig Riesen (971), schwartz Mörder (1161), klein schwartz Teuffel (1163), schwartz Beltzstieber (1201), schwartz Rott (1213), schwartz Wildpret (1270), schwartze Herd (1849), Blutzäpffer (1021), Blutbälg (1312), Blutmelcker (1330), Blutmauser (1545), Blutschertzer (1557), Blutspisser (1618), Blutschrepffer (1660), Blutsauger (1693), Meidleinzwinger (1384), Meidleinstrigler (1662 u. 1891), Beltzsteltzer (1293), Beltzneider (1817), Beltzgumper (1897), Bettspinnen (1535), Bettstrampler (1880), Stubenstäuber (2031), Kammerjuncker (1455) und Staubjuncker (1706). Einmal nur findet sich eine Wiederholung desselben Wortes, sonst stetes Wechseln; man erhält den Eindruck — und dieser ist für die Erkenntnis und Beurteilung von Fischarts Art zu arbeiten überhaupt vielleicht massgebend —, dass der Dichter, bevor er an die genaue Fixierung seines Werkes ging, sich Sammlungen passend zu verwendender Synonyma und Wortspiele anlegte. Wie charakteristisch sind weiter die Verse 1043 f:

Secht, wie sie tragen, ketschen, lupffen,
Und nit wie jr viel hupffen, stupffen.
1609 ff: Dann wie ist da ein Rucken, bucken,
Ein schmucken, Jucken, wann jr zucken,
Ach wie ein kappen vnd ein schnappen,
Ein sappen, grappen vnd erdappen.
2077 ff: Oder jhr müsst zun Häringsspeisern
Zun Eyerschweisern, Öpffelpfeisern
Und zu den ewig Freytagspreisern
Zu den Beltzwarmen Mönchs Cartheusern.

Das ist Fischartischer Humor. Vergebens wird man die Flohklage nach solchen Beispielen durchsuchen; nur zweimal bringt sie eine besondere Bezeichnung für ihre Helden, schwartzer Knab (364) und schwartz Wildpret (379).

Aber nicht bloss mit dem Worte spielt Fischart. Auch den Satz, den Gedanken wendet er gern nach allen Seiten, ehe er sich von ihm trennt. Daher seine Fülle von Vergleichen und seine Vorliebe, die Darstellung mit Exempeln und Facetien zu schmücken. Zwar finden sich auch in dieser Hinsicht in unserer Dichtung nicht die wuchtigen Mengen wie im Gargantua und der Praktik von 1574 — es ist nicht zu vergessen, dass wir uns vor beiden befinden — immerhin aber genug zur Charakterisierung.

Schon die Anlage des Ganzen, die Häufung der immer neuen Rechtsgründe gegen die Flöhe zu Gunsten der Weiber ist so viel mehr Fischartisch, als der erzählende Ton der Flohklage ihm fremd ist. Vergleichungen sodann, die fast stets mit gleich wie eingeführt werden, finden sich zahlreich: kurze, einzeilige V. 960, 1028, 1248, 1594, 1790, 1935, 2010, etwas längere V. 1107 f. Vom Esel, der aus dem Rhein saufen wollte, 1942 f. Von Ditmarsischen Bauern und dem Türken vor Raab, 1999 f. Von Johann von Leyden, 2059 f. Vom Gebot in England wider die Krähen. Und von sonstigen Hinweisen auf Geschichte oder Sage, auch auf reine Tagesschnurren sind zu bemerken V. 1009 Pabst Julius, 1097 Herculis todt Wasserschlange, 1278 Hündlein aus Malta, 1526 Thyest, 1584 Vom Rossdreck under Öpffeln, 1605 Herculis Tempel, 951 f. Von der Spinne am Hofe, 1462 f. Von lybischen Völkern nach Herodot, 1539 f. Über die Einwohner von Myus, 1123—1194 Eine längere Schnurre von Eva, warum die Flöhe sich zu den Weibern schlagen. Nichts alledem Ähnliches findet sich in der Flohklage.

Heben wir schliesslich noch Einzelnes hervor, wie den fein parodistischen Bannfluch auf die Flöhe V. 1987:

Wer aber weiter schreiten wolt
Nicht sein gehorsam, wie er solt,
Den will ich der Freiheit berauben
Dem Vogel in der lufft erlauben
Ihn aus dem Fried in vnfried setzen u. s. w.

und dazu den Anfang des 2. Teiles, wie er so charakteristisch und von dem schlichteren Tone des ersten so verschieden gleich einsetzt Botz Laus jr Flöh, und der Dichter sich nun als den Flöh Cantzler

der Weiber Arzt, Notarius
Ihr Fürsprech, Secretarius

hinstellt, der sich gegen das Geschmeiss schon mit Donner-
wurtz und Rinderschmaltz gespickt vnd gesaltzt, der jetzt
mit demselben disputieren vnd es ein wenig in die Schul
führen will, — so sehen wir, dass wie in metrischer so
auch in stilistischer Hinsicht ein deutlicher Unterschied
zwischen den beiden Teilen des Flöhhazes besteht. All die
auch sonst bei Fischart beliebten Mittel des Humors finden
wir reichlich im 2. Teil, während wir sie im 1. vermissen.
Und nun lassen wir die beiden Dichter selber sprechen.
In den schon öfter genannten Schlussversen des Werkes
sagt Fischart nach Aufzählung der Muster, denen der Flöhhaz
angereiht werden soll, von V. 137 ab:

> Aber diss Lied kan ich nit schmähen
> Welchs laut: Die Weiber mit den Flöhen
> Die haben einen stäten krieg
> Sie geben auss gross Lehen
> Das man sie all erschlüg, etc.
> Dessgleichen muss ich loben sehr
> Hie des Flohs klag zum Ju Piter.
> Der seim Sommergsellen der Mucken
> Klagt wie man jn gar wöl vertrucken, u. s. w.

V. 150
> Dann dise beide han verstanden
> Den ernsten Flöhatz in all Landen
> Und das er nicht zustillen steht
> Dann durch Klagred vnd Gegenred.

Und dann erst spricht er von sich selber:
> Derhalben disem Krieg zuwehren
> Vnd dem Weibergeschlecht zu ehren,
> Vnd das wir schertzweiss auch was lehren u. s. w.

V. 162
> So haben wir vns fürgenommen
> Auff das geringste Thier zukommen, u. s. w.

V. 175 (in weiterer Ausführung von V. 155)
> Auff das wir durch solch Weg vnd Ban
> Nicht allein Weiber huld erlangen u. s. w.

endlich V 192
> Drumb weil die Weiber ich vertrett
> Hofft ich das ich solch Gunst hie hett.

Dass Fischart mit den Worten Hie des Flohs klag zum

Ju Piter auf den ersten Teil der Dichtung deutet, wird
niemand bezweifeln; ebenso aber wird jeder Unbefangene
zugeben, dass er in der Art, wie er diese Flohklage an-
führt, nicht von seinem eigenen Werke gesprochen haben
würde. Ausserdem stellt er sie mit dem Flöhliede zusammen,
und dass dieses nicht sein eigen ist, erhellt allein schon
daraus, dass er selbst es Flöhhaz Blatt E VIa, wo es abgedruckt ist, als das alt gemein Flöhen Lied bezeichnet. Es
war schon 1540 bekannt, s. Goedeke, Dichtungen von
Joh. Fischart, S. 119 Anm.; Böhme, Altd. Liederbuch.
Leipzig 1877, S. 582. Fischart selbst also weist die Autorschaft der Flohklage einem andern zu und für sich nimmt
er, wie er in den oben letztangeführten Versen selber ausdrücklich sagt, nur die Abwehr dieses im Flöhliede und der
Flohklage beschriebenen Krieges in Anspruch, die er dem
Weibergeschlecht zu Ehren unternommen, — ein deutlicher
Hinweis auf den 2. Teil.*) Ohne übertriebene Schlüsse
daraus zu ziehen, soll doch auch erwähnt werden, dass
Fischart in der Praktik von 1574 sich nur auf je eine Stelle
des 2. Teiles und der von ihm gedichteten Schlussverse
bezieht, nämlich Bl. a 7b O jhr Flöh weichen, ehe sie euch
beseichen, dann sie haben newlich im Flöhatzbüchlein, vom
Flöh Cantzler ein newe freyheit aussgebracht, euch Maul-
körb anzulegen, vnd zän ausszubrechen, heisst sich das
nicht grewlich rechen? vgl. Fl. V. 1243 u. 1933; ferner
Vorrede Bl. 6a Vnd da heisst es, wie im Flöhatz Weibertratz
stehet vom Schnacken wecken: Schrecken macht Gecken etc.
vgl. Fl. Schlussverse V. 215.

   So weit Fischart. Wer ist nun sein Mitdichter? Auch ihn
wollen wir persönlich hören, er spricht nicht minder deutlich.

---

   *) Die eben angeführten Stellen erscheinen besonders im Zusammen-
hang mit den klargelegten Verschiedenheiten der beiden Hauptteile unseres
Werkes so durchsichtig, die Folgerungen aus ihnen so zwingend, dass es
auffallen muss, wie sie bisher so garnicht benutzt worden sind. Wendeler
allerdings als der einzige beachtete sie, riss aber selbst den kaum ange-
sponnenen Faden wieder ab. Er sagt Neudr. S. III Anm.: Sonderbar
bleibt aber trotzdem das Lob, welches unser Humorist „Hie de(r) Flohs
Klag zum Ju Piter" spendet; dass er jedoch eine andere als seine eigene
meint, wird man schwerlich annehmen dürfen.

Auf der Rückseite des Titels unseres Werkes steht
ein halb Dutzend lateinischer Eingangsdistichen mit der
Überschrift Lectori M. H. H. M.; in diesen heisst es V. 5 f:

Nulla nefanda cano, legat haec puer atque puella,
Seria deponens, liberiora dedi:
Vixque trium horarum spatium mihi cessit in illis,
Quas cernis, nugis, motus amicitia
Et precibus, quorum instructissima cura deumbrat
Bella cruenta, quibus foemina quaeque furit.
Non semper magnis horas insumere rebus
Par sit, cum et Socratem coepit arundo levis.

Diese Verse geben den besten Schlussstein zu unsern
bisherigen Ausführungen.

Wenn wir annehmen — und diese Annahme ist die
nächstliegende und wird durch sogleich anzuführende Zeug-
nisse zur Gewissheit, — dass in den Chiffren M. H. H. M.
sich der Name einer Person, mithin der Verfasser der
Distichen verbirgt, so sagt dieser also dem Leser, dass er
die vorliegende Kleinigkeit (illas nugas, quas cernis) in
ganz kurzer Zeit (vix trium horarum spatio, wenn dies
natürlich auch kaum wörtlich zu nehmen ist) gedichtet habe
(nulla nefanda cano), und zwar auf Bitten einiger Freunde
(motus amicitia et precibus), deren Sorge es sei deumbrare
bella cruenta foeminarum, d. h. doch dem Flohkriege ein
Ziel zu setzen.

Klarer kann nicht gesprochen werden. Die Worte
quorum instructissima cura deumbrat bella cruenta etc. enthalten einen deutlichen Hinweis auf den 2. Teil, so dass
dieser in folgerichtiger Umkehrung der oben aufgezeigten
Äusserung Fischarts über die Teilung des Werkes hier
seinerseits wieder einem andern Verfasser zugewiesen wird.
Die „Kleinigkeit" aber ist demnach die Flohklage, und die
Bemerkung über die Schnelligkeit des Niederschreibens er-
klärt in glücklichster Weise die oben gerügte zuweilen
nachlässige Form. Wie hätte auch das seria deponens
liberiora dedi auf Fischart gepasst? Er, der erst kurz zuvor
mit dem Eulenspiegel und der Praktik auf den Markt getreten war.

So haben wir denn in M. H. H. M. den Dichter der Flohklage zu suchen. Unter diesen Chiffren aber birgt sich zweifellos **Mathias Holtzwart Harburgensis, Magister.***) In seinen übrigen Werken nennt sich dieser stets mit vollem Namen: auf dem Titel seiner Eikones Eikones.. Latinitati carmine heroico redditae a Mathia Holtzwarto Harburgense M., die lateinische Vorrede seiner Emblematum Tyrocinia unterzeichnet er 1576 mit Mathias Holtzwardus Harburgensis M., die lateinischen Distichen seines Lustgart 1568 sind überschrieben lectori S. Matthias Holtzwart Harburgensis, die deutsche Vorrede ebenda ist unterzeichnet Mathias Holtzwart von Harburg, sonst aber fehlt der Magister nicht: auf dem Titel der Emblematum Tyrocinia steht durch M. Mathiam Holtzwart, unter der Vorrede zu seinem Spiel vom König Saul M. Mathias Holtzwart St. (wohl = Stadtschreiber) zu Rappoltswiler.

Die Persönlichkeit dieses Holtzwart ist bisher in der Geschichte der deutschen Dichtung kaum genannt worden. Auch dem genaueren Kenner begegnete sein Name nur gelegentlich im Gefolge Fischarts, da drei zwar kleine aber wertvolle Beiträge des grossen Satirikers auf ihn weisen: die Vorrede zu den Emblematum Tyrocinia und zwei deutsche Gedichte in den Eikones 1581. Ich gedenke in Kürze über diesen als Dichter der Flohklage dem Interesse jetzt wohl näher gerückten Mann an geeignetem Orte besonders zu handeln und beschränke mich deshalb hier auf die notwendigsten Andeutungen über sein Leben und Wirken. Für näheres sei vorläufig auf die einzige Schrift verwiesen, die sich bisher etwas eingehender mit ihm beschäftigt hat: Mathias Holtzwart. Eine literarhistorische Untersuchung von A. Merz. Rappoltsweiler Programm 1885. Hier ist

---

*) So deutete schon Wackernagel, s. dessen Joh. Fischart S. 200. Auch Baächtold kennt diese Deutung, zieht aber daraus den Schluss, dass Fischart Holtzwart den Flöhhaz dediciert habe, s. J. Baächtold, Geschichte der Deutschen Literatur in der Schweiz, Frauenfeld 1889 S. 369. Dass Wendeler längst um die gegebene Erklärung wusste, erfuhr ich in einer stets dankbar zurückgerufenen Stunde persönlich von demselben.

neben zwar leider meist resultatlosen Archivforschungen
zum ersten Mal ein aufmerksamer Blick in seine Werke
gethan worden. Die Abhandlung enthält eine Darstellung
seines Lebens und eine genaue Inhaltsangabe des Lustgart;
die übrigen Werke fehlen noch.

Mathias Holtzwart wurde um das Jahr 1540 zu Harburg — jetzt Horburg, einem kleinen Städtchen bei Colmar —
geboren. Sein Vater stand dort von 1531 an im Dienste
des Grafen Georg, des Herren von Mümpelgard, Harburg
und Reichenweiher, eines Neffen Eberhards mit dem Barte
und Onkels des Herzogs Christoph von Würtemberg. Anfangs im Elternhause erzogen, kam er alsbald auf Anlass
und Kosten dieses Grafen auf die hohe Schule, wahrscheinlich
zu Basel, wandte sich den freien Künsten zu und erwarb
auch, wie anzunehmen, dort die Magisterwürde. Aber sein
hoher Gönner starb 1558, und sein Vater folgte dem Herren
noch in demselben Jahre nach. Holtzwart musste seine
Studien aufgeben, ohne, wie er gehofft hatte, eine der drei
Fakultäten kennen gelernt zu haben. Seitdem warf ihn nach
seinem eigenen Ausdruck das Glück seltsam umher. Eine
Zeit lang war er in Innsbruck als „diener gheim des Edlen
Graffen zu Leichtenstein", wandte sich dann von Tyrol wieder
nach dem Elsass zu einer Zeit, „als die sterbenden leuff daselbst sehr vberhand genommen hatten", und nachdem er
auch hier zuerst lange vergeblich nach einer festen Stellung
sich umgesehen, glückte es ihm endlich, wohl 1567, den Posten
des Stadtschreibers zu Rappoltsweiler zu erhalten im Dienste
des „wohlgebornen Herrn Egenolphen, Herren zu Rappolt-
stein, zu Hohennack vnd Geroltzeck am Wasichin", desselben,
dem sich über zehn Jahre später auch Fischart behufs einer
Anstellung zu empfehlen suchte. Am 1. September 1567 ist
er „nun (schon) eine Zeit her" im Amte. In diesem blieb er
alsdann und starb wahrscheinlich Ende 1577. Sein Name
und sein Geschlecht hat sich bis auf den heutigen Tag in
Rappoltsweiler erhalten.

Holtzwarts dichterische Thätigkeit ist auf wenig Werke
beschränkt. Wir kennen: 1) die zwar erst 1581, also nach
des Dichters Tode bei Jobin erschienenen, jedoch als seine

früheste Jugendarbeit zu betrachtenden lateinisch deutschen
Emblematum Tyrocinia*), 2) den Lustgart Newer deuttscher
Poeteri, 1568 bei Josua Rihel in Strassburg, 3) die 1571
in Basel aufgeführte „Tragikomödie" Saul, dort auch von
Samuel Apiarius gedruckt und verlegt, 4) die lateinischen
Distichen zu den Eikones . . . duodecim primorum veteris
Germaniae Heroum, 1573 bei Jobin**), und 5) die ihm durch
die vorliegende Untersuchung zurückgegebene Flohklage.
Die Embl. Tyr. sowie die Eikones können hier ganz
übergangen werden; sie sind aus der Fischartlitteratur schon
einigermassen bekannt und bieten wenig für unsern nächsten
Zweck. Bei genauerem Eingehen allerdings veranlassen jene
eine ergebnisreiche Betrachtung der aus- und inländischen
Emblematiker des 16. und 17. Jhds., diese, ein sonderbarer
Ausfluss taciteischer Studien, führen, besonders auch illu-
strativ, zurück auf Burkhard Waldis' Ursprung vnd Herkumê
der zwölff ersten alten König vnd Fürsten Deutscher Nation,
Nürnberg 1543, auf Lazius' de migrationibus gentium 1557
und auf die 1566 von Simon Schard in Frkf. a. M. herausgegebene deutsche Bearbeitung der Annales Boiorum des
Aventin, die dieser kurz vor seinem Tode 1534 noch selbst
niedergeschrieben hatte.

Wertvoller sind der Lustgart und vor allem der Saul.
Den Lustgart verfasste unser Dichter, nachdem er aus Tyrol
ins Elsass zurückgekommen war, „zu Ehren dem Fürstlichen,
Hochlöblichen hauss Würtenberg", als Dank für die vielen
empfangenen Wohlthaten; er widmete das Werk dem regierenden Herzog Christoph. Allerdings ist es ein eigenartiges
Lobgedicht, etwa so, wenn man den Vergleich gelten lassen
will, wie Ovids Metamorphosen eine Verherrlichung des
Augusteischen Geschlechtes sind. Von der Geschichte Würt-
tembergs hören wir erst am Schluss des Buches; man könnte
das Ganze in zwei Abschnitte teilen, einen humanistischen
und einen historisch genealogischen. — Bei einem Morgen-

---

*) Eine Auswahl aus den lat. Distichen findet sich in den Deliciae
poetarum Germanorum, Frankf. 1612.
**) 1581 erschienen sie in 2. Aufl. als Anhang zu den Embl. Tyroc.
mit zwei Zusätzen von Fischart und Burkhard Waldis' deutschen Versen.

spaziergang sieht der Dichter in einem schönen Hag eine
Gesellschaft von Männern und Frauen (den regierenden
Herzog und dessen Familie), und da er wissen möchte, wer
diese sind, so vertraut er sich der zu ihm tretenden Muse
Calliope an, die ihn

schnell vom selben end
Vber die berg vnd vber thal,
Vber breit wasser vnd das schmal,
Vber all see, vber all feld,
Vber das meer, vber all wäld,
Durch alle lüfft jnn aller höch

an den Fuss des Helikon bringt. Unter ihrer Führung
besteigt der Dichter alsdann den Parnass, um auf dem Gipfel
desselben in das Haus Historiaé einzutreten (I. Buch); das
II. und III. Buch wird mit der Beschreibung dieses Hauses
ausgefüllt, am Schluss des III. setzt endlich der Bericht
der Calliope über die Württembergischen Herrscher ein und
wird im IV. bis zum Jahre 1568 fortgeführt. — Der dichterische Wert dieses langatmigen, gegen 15000 Verse ent-
haltenden Werkes ist gering, inhaltlich aber bietet es viel
Bemerkenswertes. Da finden wir gelegentlich ganze Kataloge
von hunderten von Tier- und Pflanzennamen, musikalische
und astronomische Instrumente werden genannt, die Zeichen
des Tierkreises und ihre Wirkungen auf die Menschen geschildert, ein Bergwerk wird aufs genaueste beschrieben.
Vor allem aber ist die Mythologie und Geschichte des Alter-
tums in vollstem Umfange herangezogen, wie denn Holtzwart nach eigener Erklärung die Absicht hatte, „zu seiner
Zeit alle alte Heidnische fablen mit gründtlichen aussleggungen
vnd jhren bedeuttungen herfür(zu)bringen"; das Register der
„Fürnembsten Poetischen Fablen und Geschichten" am Schluss
des Lustgart enthält 517 Namen. Hervorzuheben sind die
Erzählungen vom Schatz des Rhampsinit, von Herkules,
Theseus, Cadmus, Ödipus, Ibykus, Achill und Odysseus, von
Romulus, Alexander, Hannibal, Scipio und Cäsar. An be-
nutzten Werken nennt der Verfasser selbst Herodot, Livius,
Lucretius (de rerum natura), Aelianus (Varia), Justinus
(Trogus Pompeius), für die Himmelszeichen Calepinus (dic-

tionarium), für die württembergische Genealogie Monsterus. Es sei sodann auf die breit angelegte, das ganze I. Buch füllende Allegorie hingewiesen, in der der Dichter schildert, wie er an den Göttinnen Grammatica, Dialectica, Rhetorica, Musica, Geometria, Arithmetica und Astrologia vorbei zum Gipfel des Musensitzes, zum Prachtbau der Philosophia mit der Jurisprudentia, Medicina und Theologia und zum Haus der Historia gelangt. Diese Allegorie ist bedeutsam nicht bloss für Holtzwart, sie ist ein treues Bild der Anschauungsweise seiner Zeit und weiter des ganzen nächsten Jahrhunderts, da der Verstand alles, das Gefühl nichts ist; die Göttin Phantasia hat keinen Platz unter den zahlreichen Bewohnerinnen des Parnasses. Es wird sich kaum irgendwo anders eine ähnlich bezeichnende bis ins kleinste durchgeführte Allegorie finden. Dies allegorische Element nimmt übrigens auch im II. Teile einen breiten Raum ein; die Herren von Württemberg sind willenlose Werkzeuge in der Hand von Minerva, Diana, Jnvidia, Megera, Bellona u. a., diese vermitteln Heiraten, erregen Kriege, retten die Bedrohten, wiegeln Eberhard III. gegen den Kaiser auf und machen Eberhard VIII. zum Tyrannen. Ein bequemes Mittel für den Dichter, sich jeder Kritik zu entziehen, aber eine unangenehme Beigabe für unsern Geschmack. Dagegen ist ein letztzuerwähnendes Element in unserm Werke auch heut noch lobend hervorzuheben: Der Text wird zu beiden Seiten von zahlreichen Randbemerkungen begleitet, die linksstehenden sind Übersetzungen vorkommender lateinischer Namen, die zur rechten Hand geben teilweise kurz den jeweiligen Inhalt an, teilweise glossieren sie den Text in der eigenartigsten Weise, und diese sind sehr lesenswert; in ihnen finden wir nichts Lehrhaftes, vieles mutet uns ganz modern an; in ihnen spricht ein Mann zu uns, der mit offenem Auge in die Welt gesehen, ein kluger Verstand, ein reines Herz, ein fröhliches Gemüt. Sie helfen uns über manche Öde der Dichtung hinweg.

Den Saul endlich, der auf dem Kormarkt zu Basel am 6. und 7. August 1571 — an jedem Tag 5 Akte — von 112 redenden und 500 stummen Personen unter Entfaltung grossen

Pompes aufgeführt wurde, schrieb Holtzwart, wie er sagt,
auf Bitten alter Basler Schulgenossen; er scheint auch selbst
in Basel gewesen zu sein, an der Inscenierung des Stückes
teilgenommen und den Druck überwacht zu haben.*) Die
Handlung entspricht der biblischen Geschichte 1. Sam. 17 bis
2. Sam. 2, beginnt mit Davids Kampf gegen Goliath und
endet mit Sauls Selbstmord und Davids Thronbesteigung.
Der Anschluss an die Historie ist im ganzen ein genauer,
ja die Reden der Hauptpersonen sind zum Teil die bloss in
Verse gebrachten Bibelworte, daneben sind mehrere in der
Schrift nur angedeutete Scenen ausgearbeitet. Eine ein-
gehendere Betrachtung des Holtzwartischen Werkes führt
auf eine Vergleichung mit den ähnlichen Stücken von Schmeltzl,
Boltz, Rüte, Teckler, Virdungus (lat.), Mauricius d. Ä.,
W. Spangenberg (Übersetzung eines lat. Originals); denn
der Saul gehörte neben der Susanna und dem verlorenen
Sohn zu den damals beliebtesten biblischen Stoffen. Hier
sei nur bemerkt, dass Wellers Behauptung (d. alte Volkstheater der Schweiz, S. 39), Holtzwart hätte „ganz augen-
fällig“ die Ölung Davidis von Val. Boltz benutzt, er wäre
ein „Plagiator“, jeden Haltes entbehrt.

So viel zur ersten Orientirung über diesen in seine
vollen Rechte noch einzusetzenden Mann.

Jetzt drängt sich die Frage auf, ob denn die Flohklage
auch mit Holtzwarts anerkannten Werken in Einklang zu
bringen ist.

Wir finden durchweg die vollste Harmonie.

Wenig Bedeutung soll darauf gelegt werden, dass sich

---

*) Es sind mindestens 2 Drucke vorhanden. Das mir vorliegende
Berliner Exemplar (Y g 231) weicht in der Orthographie von dem von
Weller (das alte Volkstheater der Schweiz, Frauenfeld 1863) benutzten
ab. Büchtold (Gesch. d. dtsch. Litt. in der Schweiz, Anmerkungen S. 98)
teilt mit, dass der 1. Akt des Saul sich handschriftlich in der St. Galler
Stadtbibliothek befindet, hs. 76 Bl. 38—48.

Die von Weller a. a. O. S. 42 angenommene Nachricht Burkhardts
(Beitr. z. Gesch. Basels 1839 S. 195 f), dass der Saul auch zu Gabel in
Böhmen von wohl 600 Personen dargestellt worden sei, hat schon Goedeke,
Grdr. II S. 351 No. 85, als einen durch Gottsched entstandenen Irrtum
aufgeklärt.

besonders im Saul öfter Verstösse gegen das Metrum finden,
hauptsächlich 9 bez. 10 für 8 u. 9 Silber. Darüber ist
oben gesprochen. Ins Auge fällt aber sogleich die durchaus
oberflächliche Behandlung des Reimes; Lustgart, Saul, die
Emblemata wimmeln von solchen Assonanzen, wie wir sie
in der Flohklage tadelten. Es seien aufs Geratewohl wenige
herausgegriffen: Lustg. Land : allesampt, haben : tragen Bl 2a,
sprang : an 2b, frembd : erkent 3b, zungen : münde 4a,
Zöbel : vmbstoben, veneris : sonderlich 5a, gattung : hatte 5b,
erwöhlt : sterck 21a u. s. w. Saul lebt : erd a 7b, Rippen :
mitten, Daviden : sigen b 4b u. s. w. Embl. Tyr. werd :
vberzwerch b 3b, eintreufft : befeucht b 5b, gemüts : geübt
c 6b u. s. w. Mögen sich einige davon auch durch den
alemannischen Dialekt des Verfassers, durch Nasalierung
erklären lassen, es bleiben doch überzahlreiche Beispiele für
eine eigentümliche Reimtheorie unseres Dichters.

Von den besonderen Reimkünsten, die wir bei Fischart
im Gegensatz zur Flohklage bemerkten, findet sich auch
sonst bei Holtzwart nichts. Er schreibt seinen schlichten,
viermal gehobenen Vers; nur treffen wir ganz vereinzelt
auch einige Viersilbler: Emb. LVI.

> Du fragst warum
> Und wie es kum,
> Das Venus werd
> Nackend auff Erd
> Mehrteils gemalt? u. s. w.

ferner im Saul b 6b, e 1a u. b. Ebendort ist c 6b noch ein
Chorlied zu erwähnen „in der Melodey Jam satis terris",
ein Wechselgesang von je sechs Weibern „von Sacho vnd
von Aseca"; die erste Strophe heisst:

> Gross ist der Herr, vnd all sein thaten
> Gross ist Gott, vnd Israhels vatter
> Gross seind Herr Zebaoth deine gaben
>> Die wir empfahen.

Doch haben wir hier nichts Aussergewöhnliches; Chor-
lieder in sapphischen Strophen finden sich öfter, zuerst 1532
bei Kolros in seinem Spiel von fünferlei Betrachtnussen,

1535 in Sixt Birks Susanna, 1562 in dem Abraham des
Hemmann Haberer.

Wir sehen, metrisch stimmt die Flohklag mit Holtzwarts bisher bekannten Werken vollkommen überein.

Die gleiche Übereinstimmung ergiebt sich in sprach-
licher Hinsicht. Wir beschränken uns aber hier nicht auf
die stilistische Seite, sondern gehen zuvor auf einen Punkt
näher ein, der oben absichtlich übergangen ist, der aber
bei ähnlichen Untersuchungen durchaus nicht vernachlässigt
werden darf, die Betrachtung des Lautstandes.

Fischart und Holtzwart schreiben beide zunächst die
Gemeinsprache ihrer Zeit, jenes Kanzleideutsch, das all-
mählich in die Druckereien übergegangen und so seit dem
ersten Viertel des 16. Jahrhunderts Gemeingut der Gebildeten
geworden war.

Diese Verkehrs- und Büchersprache hatte jedoch bei
ihrem langsamen Vordringen einen harten Kampf mit den
Mundarten zu bestehen, und dieser Kampf ist auch zu Fischarts Zeit noch nicht beendet. Leicht erklärlich, besonders
weil auch damals noch in der Schriftsprache von einer festen
Regel, wie heute, nicht die Rede war. Gerade 1573 machten
fast gleichzeitig Albertus in Ostfranken und Ölinger in
Strassburg den Versuch, die „Hoch Teutsche Spraach"
grammatisch zu fixieren, aber man sieht deutlich, wie schwer
es ihnen fällt, unter den vielfachen lautlichen Schwankungen
die Gewohnheit der „eruditiores" festzustellen, und erst
1578 wird von Clajus wenigstens auf ein Muster, Luther,
nachdrücklich hingewiesen.

Auch Fischart und Holtzwart zeigen in ihren Schriften
klar erkennbar noch dialektische Neigungen; genaue Betrachtung aber lehrt, dass die Holtzwarts die grösseren
sind. So gewinnen wir einen neuen Halt für unsere Be-
weisführung.

Drei Haupterscheinungen sind hervorzuheben:

1. Die echt alemannische Wandlung des st in scht. —
Weinhold Al. Gr. § 193. Sie ist zwar nicht in der Schrift,
wohl aber aus den Reimen sicher zu belegen: Lustg. nesten
(d. pl.): erhetschen 2a, fisch : ist 18b, list : erwischt 19b;

Saul ist : erwüscht a 1 b, gerüst : erwüscht b 4 b, frisch : brist
d 8 b; Embl. Tyr. nest : erhescht d 3 b, fleisch : bereitst b 3 b,
fisch : bist i 8 b u. s. w. Die Flohklage zeigt erwüsch : ist
V. 291, lust : entwuscht 837.

Diese Erscheinung findet sich bei Fischart gleicher-
massen, und zwar kann sie aus jedem seiner Werke zahl-
reich belegt werden. Nur wenige Beispiele: mensch : gspenst
Nachtrab V. 150, ist : wischt Dominicus 566, fast : erhascht
Kuttenstreit 348, Fleich : meist Flöhhaz 1080, Gaist : flaisch
Jüd. zu Binzwangen 21 u. o., Fisch : gerüst Ehez. 23,24 u. s. w.

2. Häufige Verdumpfungen des a, i, e und ei zu o, ü,
ö und öu. ´ Diese sind meist schon aus der Schreibweise
ersichtlich: Lustg. gross : mass 5 a, stot : rot 16 b; Saul
hingon : beston c 1 a, loss : gross c 1 b; Embl. gethon : glon
g 1 b. Lustg. stets erwüschen, würt; Saul erwüscht : gerüst
b 4 b, unwüssend k 3 b, gwüsslich k 8 a, man gwünne m 3 a;
Embl. er würt : spürt h 7 b. Lustg. er verhör 19 a, wöhlt
21 b, stets wöllen; Saul das hör m 4 a (daneben auch heer),
heurat e 7 b, erhöuschen k 3 b u. s. w. In der Flohklage
finden wir: gross : vnderloss V. 301, boden : gnaden 323;
wüschen 121, 606, Fürniss 110, behülflüch 715, ich hült
mich 166, sie gfül 277; du wölst 656, er wöl 805, höres-
kraft 538 u. a.

Fischart hat diese Trübungen gleichfalls, vor allem der
des a zu o begegnen wir auf Schritt und Tritt; im ganzen
aber lässt sich erkennen, dass Holtzwart hier schon über
ihn hinausgeht.

3. und das ist ausschlaggebend, zeigt. Holtzwart im
Vergleich zu Fischart eine viel grössere Inkonsequenz den
neuen Diphthongen ei, au und eu gegenüber; das Gefühl für
die alten Längen i, u und iu ist bei ihm noch sehr lebendig.
In der Entwicklung dieser für die Festsetzung der
hochdeutschen Schriftsprache wichtigsten Erscheinung sind
drei Stufen zu unterscheiden. a) Die neuen Diphthonge
haben keine Macht; in Sprache und Schrift werden die alten
Längen gebraucht. Die Schweizer Drucke zeigen dies bis
ins 17. Jahrhundert hinein. b) Der neue Diphthong wird
zwar geschrieben, aber die gesprochene alte Länge wirkt

noch so kräftig, dass beide ohne Bedenken auf einander gereimt werden. c) Die neuen Diphthonge sind durchgedrungen, die Reime werden auch in der Schrift reingehalten. Holtzwart ist auf der zweiten, Fischart fast schon auf der dritten Stufe angelangt. Ganz vereinzelt, verschwindend im Verhältnis zu der Fülle seiner Verse, finden sich bei ihm Reime wie: finden : den fründen Nachtrab V. 2140, seiten : erbieten Glückh. Schiff 664, eilen : erkülen ibid. 684, mein : hin Mag. Daem. 4. — Die „Gelehrt Verkehrten" und der Staufenberg mit häufigeren Beispielen dürfen nicht herangezogen werden, hier lagen ältere Gedichte vorl — Vff und vss, die sich einige Male zeigen, wurden in Strassburg sogar noch officiell gebraucht, vgl. Die Ratsprotokolle zum grossen Übungsschiessen 1576 ed. Reuss 1876.

Anders Holtzwart. Bei ihm ist es durchaus gewöhnlich, alte Längen und neue Diphthonge zu reimen, wenn er auch jene fast nicht mehr schreibt: Lustg. vil : eil 2a, vertriben : bleiben 2b, Carmesin : fein 3a, kurtzweil : bretspil 4a; Saul villicht : geschicht a 6b, streit : nüt b 2b; Embl. Tyr. zuvil : meil, hin : dein d 6b, freunt : gesint, zeit : damit d 8b; vff und vss zahlreich u. s. w.

Und so zeigt auch die Flohklage in ihren 892 Versen: Weiben : triben 35, hin : dschwein 599, ein : bin 869, hauss : vertruss 53, heruff : puff 389, auff : schluff 549, Freunden : dhinden 755. Ausserhalb des Reimes lässt sich für diesen 3. Punkt in Holtzwarts Werken folgende bemerkenswerte Erscheinung feststellen: Jobin in der Flohklage druckt sonst keine alte Länge; der Lustgart bei Josua Rihel in Strassburg beschränkt sich auf öfteres vff und vss. Im Saul aus Basel aber findet sich auch ausser im Reime nicht selten der alte Lautstand, wie ihn die Vorrede des Samuel Apiarius durchaus zeigt (zwyffel, syn, zyten, vff, vss, lüten). Dementsprechend stehen im Saul auch in den Reimen zuweilen die alten Längen gedruckt, die Holtzwart also bei seiner Korrektur übersah, während Rihel und Jobin hier durchaus die neuen Diphthonge haben. Holtzwarts Standpunkt allerdings erscheint auch so im Saul deutlich genug, aber das Angeführte ist ein sprechendes Beispiel, wie eigenmächtig damals die Buchdrucker verfuhren, eine Thatsache, die bei einer Darstellung der Geschichte unserer Schriftsprache wohl ins Auge zu fassen ist.

Diesen für unsere Untersuchung wichtigen Betrachtungen seien noch einige kleinere Eigenheiten Holtzwarts hinzugefügt, die gleichfalls die Übereinstimmung seiner bekannten Werke mit der Flohklage erhärten. Ihre Zahl liesse sich leicht vermehren. Holtzwart liebt Adverbialbildungen wie herfürer u. ä., Lustg. 122 b, oder aussher 120 a, abher 121 a, zuher 122 a. Die Flohklage bringt herfürer V. 596, herausser 193, ausshin 328, fürher 513. — Um seine 8 und 9 Silbler zu erhalten, apokopiert er besonders gern den Artikel: d röth Embl. d 7 b, d mutter Lustg. 12 a, d Statt Saul k 3 a, d vrsach k 7 a. In der Flohklage finden wir d Beltz 281, d Kantzel 285, d Kutten 286, d Predig 298, in dschoss 573, u. a.; oder er bildet umgekehrt Formen wie anesprach Lustg. 18 b, 73 b, anesah 121 b; in der Flohklage: aneplick 711, den anefang 248. — Endlich findet sich häufig bei ihm das sog. Emjambement, d. i. die Ungeschicklichkeit, das letzte Wort eines Satzes in den nächsten Vers zu setzen:

Embl. h 6 b So mag ich auch nicht Rockenbrot
        Essen.
Lustg. 3 a Sach das da war vil manichs pferd
        Gaugen.
    74 a Mit drey häuptern, die er entpor
        hielt.
und sehr häufig. Entsprechend zeigt die Flohklage:
V. 375 die lossung war jhr nicht dermassen
        Anglegen,
  751 So würt man von stundan zum essen
        Darnach.
u. ö. All diese Nachlässigkeiten meidet Fischart oder bringt sie eben so selten, wie sie bei Holtzwart häufig sind.

Was schliesslich Stil und Ausdruck der Flohklage im Verhältnis zu den andern Werken betrifft, so wird allerdings niemand ihre Derbheiten in dem zu Ehren des Hauses Württemberg geschriebenen Gedichte oder in dem öffentlich aufgeführten und dem Rate der Stadt Basel gewidmeten biblischen Schauspiel zu finden erwarten, wenn auch in letzterem besonders die Scenen der Kriegsleute leise durchklingen lassen, dass Holzwart des Tones wohl mächtig war. Im Lustgart (1726) sagt er zudem ausdrücklich, er habe sein Buch so geschrieben,

> Das nicht durch vnzüchtig geberden
> Oder wort jemands möcht werden
> Geärgert.

Sieht man aber hiervon ab, so finden sich auch in stilistischer Hinsicht Ähnlichkeiten genug. In der Flohklage fesselt uns neben vielem Andern besonders auch die durchweg volkstümliche Ausdrucksweise. Ungekünstelt leicht fliesst die Darstellung dahin, man fühlt, dass der Dichter es verstanden hat, „dem gemeinen Manne aufs Maul zu sehen“. Wir nehmen aufs geratewohl einige Verse: Und lausen dich herausser geschwind 193, Und macht jhm Ellements gut thuch 287, (das alte Weib lachte) das man jhr bis an dgurgel sach 415, (sie) schwur tausend Theuffel 420, sie pfiff jhm den Bentzenawer 496, sie wunscht der Hencker solt sie helmen 576 u. s. w. Dieser Sinn für volksmässigen Ausdruck ist auch sonst bei Holtzwart zu erkennen. In den Embl. zwar naturgemäss in geringem Masse, hier lässt sich nur anführen, wie treffend er einige der lateinischen Titel wiedergiebt: Domus amica domus optima Eigner Herdt ist Golds werdt (27), Nusquam tuta fides Vertrau schau Wem (58), Non in verbo sed in potestate Es sindt nitt alle die Doctores die rote hüt auff haben (46) u. ä. Mehr schon finden wir im Lustgart, nicht in der Dichtung selbst, ihr Ton ist so trocken wie ihr Inhalt, wohl aber in den schon hervorgehobenen Glossen: Der Geitzig findt allweg ein mäntelein seine schinderey zu decken 11b, das hembd ligt neher dan der rock 12a, Es braucht schnauffens berg auf 17b, Auff trucknem land ertrinckstu nicht, du kommest denn jnn ein hanffwisen 18a, Ein kuchen vbern zaun, zwen wider herüber 30b, Es ghört speck zun stifflen, wer Doctor wil werden, muss müntz haben 31a, Berüm dich keines fleischs, dauon dir nie kein brü warde 74a, Wan man den Wolff nennt, so kompt er gerent 152a und viele andere. Beson-

ders aber ist im Saul die Einführung volkstümlichen Ele-
mentes hervorzuheben. In den Scenen des Kriegsvolkes —
es sind rechte Landsknechte des XVI. Jhds. — in den
Teufel- und Satansauftritten ist es in der glücklichsten
Weise angebracht. Der Hauptmann Abner flucht Poz Verden
Glück ihr rechten Schnauzhahnen u. ä. Nessi und Pharan,
Jonathans Trabanten, unterhalten sich über ein zu erwar-
tendes Geschenk (d 3b):

> Ich förcht mögs nit erläben, sagt Nessi,
> Ja wann ein schneck thut pfeiffen
> Ein Esel vff der lauten greiffen
> Und Kelber tantzen yff den bencken
> So wirt er an vns anch dencken.

s. weiter g 2b, 14a, m 6b, n 8b. Und der hier hervortretende
echte Volkshumor steigert sich teilweise bis zum Burschi-
kosen, wenn in der bemerkenswerten Scene bei der Hexe
von Endor der wüste Aberglaube der Reformationszeit lachend
herbeigezogen wird, oder wenn die Hexe den Unsinn ihrer
Beschwörungsformel vorträgt (n 1a):

> Aleph, Cusi, Madachali
> Netzram, Maloch, Paraphali,
> Astaroth, Phalim, Madach
> Aschi, Risi, Grummanbach.

Und abgesehen von diesen volkstümlichen Tönen lässt sich
auch im gewöhnlichen Ausdruck die Übereinstimmung selbst
bis ins Einzelne verfolgen. Dafür seien noch mehrere Beispiele angeführt:

Saul g 8a mechtig still, i 1b mechtig wunderlich, Flohklag 3 mächtig vbel, 651 mechtig faul; Saul b 3a was ist
dir angelegen, Fl. 375 die lossung was jr nicht anglegen;
Saul h 6a darumb sich das all ding sind gerüst, Fl. 517 dan
all ding sind auff dFlöh gerüst; Saul b 2b Und jhn vertreiben
fein das lachen, Fl. 44 die eim vertreiben bald das lachen;
Saul o 1b Ach wie ghebst dich so vbel drab, Fl. 3 der sich
so mächtig vbel gheb; Saul g 6a Ich weiss nit wo ich sicher
bleib, Fl. 17 Und mich nit sicher lassen bleiben; Lustg. 145b
Wie dan dasselbig auch gieng fort, Fl. 449 Als nun der
ding viel giengen fort; L. 100a das mir zitterten alle glieder,

Saul d 8a Schauw wie zittern mir meine glider; Fl. 76 Sich
zu es zittern mir die Glider;

 Saul e 8a Lauff auch nit daher wie ein ross
     Es wer sonst ein bewrischer boss,

 Fl. 220 Kreuch auch keiner gar in kein Ohr,
    Du werst sonst ein zwifacher Thor;

 S. i 4a Wo soll ich jetzund auss vnd hin
    Weil ich auf Erd verlassen bin,

 Fl. 879 Wo soll ich auss, wo soll ich an
    Ich ellender verjagter Man?

Vergl. auch die Ermahnung der Ahinoam an Michol (S. e 8a)
und die von Davids Mutter an ihren Sohn (k 2a) mit Fl. 40 ff,
644 ff, 664 ff.

So sehen wir, dass zwischen der Flohklage einerseits
und den Embl., dem Lustgart und dem Saul anderseits in
jeder Hinsicht der beste Einklang herrscht; unser zuerst
aus dem Flöhhaz allein gezogenes Resultat wird durch die
Betrachtung von Holtzwarts anerkannten Schriften nur
stärker befestigt, und wir schliessen:

Der Flöhhaz von 1573 ist eine vielleicht von Jobin an-
geregte (in den lat. Eingangsversen weist Holtzwart auf
mehrere hin, quorum instructissima cura deumbrat bella
cruenta), jedenfalls von Fischart redigierte Kontamination*)
aus folgenden Bestandteilen:

Holtzwart lieferte mit der Flohklage die Basis. An
diese Dichtung knüpfte Fischart an in seiner „der Weiber
Verantwortung" und „der Flöh Urteil" (so lauten die Ko-
lumnenüberschriften des 2. Teils; es sind zwei durch V. 1690
deutlich geschiedene Abschnitte); dann zog er das alt gemein Flöhlied heran, schrieb die 13 Rezepte für die Flöh,
deren Ton zweifellos für ihn spricht, und verfasste noch
das poetische Nachwort. Schliesslich gab er dem Ganzen
einen charakteristischen Titel, auf dem er aber, da er wohl

---

*) In den einleitenden Versen zur 2. Ausgabe giebt F. mit den
Worten V. 5 Daun da ich erstlich dis Buch schmitt dieser seiner Thätigkeit einen passenden Ausdruck.

fühlte, dass er kein volles Recht auf das Buch hatte, seinen
Namen nicht einmal in einer seiner beliebten Verhüllungen
nannte. Das Werk erschien anonym.

Vier Jahre später, 1577, kam der Flöhhaz bei Jobin
in 2. Auflage (B) heraus. Seine Gestalt ist jetzt eine völlig
andere. Fischart, und, wie gleich betont werden soll, er
allein, hatte ihn einer Umarbeitung unterzogen, und es ist
lehrreich zu verfolgen, wie er dabei zu Werke ging, um so
mehr als die Betrachtung dieser Arbeit unsere Ansicht über
die Flohklage gleichfalls stützen wird.

Auf den ersten Blick sieht man, dass die Umgestaltung
sich vorzüglich auf die Flohklage erstreckt hat, und das ist
bezeichnend.

Aus den 892 Versen der Flohklage in A sind 2446 der
Erneuerten Flohklag in B geworden, die sich folgender-
massen verteilen:

A 1—88   = B 47—846 (88 : 800)
   99—666 =   847—1912 (568 : 1066)
   667—880 =   1913—2310 (214 : 398)
   881—892 =   2311—2492 (12 : 182).

Unter diesen 2446 Versen finden sich nur 109, die abgesehen von orthographischen Korrekturen*) wörtlich aus A
hinübergenommen sind: A 50 = B 780, 51 = 783, 53 = 785,
89 = 847, 91 = 849 u. s. w. Dazu kommen noch etwa 135,

*) Von 1575 an zeigen die Werke der Jobinschen Druckerei eine
eigentümlich einfache, phonetische Orthographie, die bis 1578 streng
durchgeführt wird. Sie stimmt überein mit der in Fischarts erhaltenen
Manuscripten: den Bruchstücken einer Übersetzung von W. Lazius' de migrationibus gentium (in Wolfenbüttel; abgedruckt von Crecelius in Bir-
lingers Alemannia I 1873 S. 113—145. Ein Facsimile davon, einst für
Meusebach angefertigt, auf der Berl. Kgl. Bibliothek. Mss. germ. fol. 704.
vgl. Wendeler Fischartstudien Meusebachs S. 262 No. 59) und Rand-
notizen in den von ihm bevorworteten Onomastica duo, auf der Berl.
Bibl. Id. 130. 8⁰ c. not. mss. Daraus folgt Fischarts Einfluss auf die
Drucke. Er hat sehr wahrscheinlich in dieser seiner produktivsten Zeit
die Stelle eines Korrektors bei seinem Schwager bekleidet.

die mit kleineren oder grösseren Veränderungen benutzt worden sind: 49 = 779, 52 = 784, 57/9 = 795/7, 66/7 = 812/3, 76 = 833, 90 = 848, 92 = 850, 94/6 = 854/6, 98/100 = 858/60 u. s. w., vgl. auch Wendeler Neudr. S. IX. Alles Andere ist neu. Und wie spricht jetzt Fischart aus jeder Zeile.

Zunächst finden wir eine bessere Behandlung des Metrums. Am deutlichsten zeigt sich diese an den mit Änderungen aus A hinübergenommenen Versen, gerade hierin beruhen die meisten Korrekturen Fischarts. Nicht bloss wird, wenn Holtzwart die Silbenzahl verletzt hatte, berichtigt: A 316 Das Weib vberlaut Och schreit = B 1230 Das sie vberlaut O we schreit. A 541 Dessgleichen der ander vnd der dritt = B 1603 Desgleich der ander vnd der dritt. A 351 Und wie sie jetzt in Hundstagen = B 1269 Und wie sie jtzund inn Hundstagen. Fischart bemüht sich auch, wenn der hinüberzunehmende Vers nur mühsam in den gewohnten Gang von Senkung und Hebung passte, zu glätten: A 92 Das mir schir zerrint an der Lungen = B 850 Dass mir zerrint schir an der Lungen. A 95 Fand ich sitzen bey einem Bett = B 855 Fand sitzen ich bei ainem Bett, so noch 66 = 812, 57/58 = 795/96, 251 = 1169, 321 = 1237, 329 = 1249, 384 = 1352, 393 = 1361, 498 = 1540, 508 = 1572. Damit soll allerdings nicht gesagt sein, dass Fischarts eigene Verse stets einen glatten Rhythmus zeigen.

Sodann stehen durchweg reinere Reime. Auffallende Assonanzen sind in B nicht zu bemerken, und bei den übernommenen Versen zeigt sich wieder Fischarts bessernde Hand: A 381 schlagen : Taller = B 1333 schlagen : Schragen, A 517 gerüst : Strich = B 1579 gericht (p. pt.) : strich, A 521 zweig : bleib = B 1583 zweig : treug — (wenn mehrere der oben genannten fehlerhaften Verse aus Holtzwarts Flohklag jetzt nicht erwähnt werden, so sind sie in B nicht aufgenommen).

Jetzt finden wir auch die aus dem 2. Teil von 1573 bekannten, in der Flohklage daselbst aber vermissten Reimkünste wieder: Erweiterte Reime: 593 Sommerfreund : Kommerfreund, so noch 521, 1001, 1791, 2449. Reimhäufungen: schwach : sach : nach : Rach 321—24, ferner

455/8, 527/30, 1265/8, 1445/8, 1527/30, 1555/8, 1873/6, 1907/10, 2041/4, 2303/6, 2351/4, 2487/90. Binnenreim: 1839.

Hilfsreime: 528 Hab ich gnug wiz zu meiner grös,
Zu meiner grös bin ich gnug bös.
und sehr zahlreich 230, 309, 550, 749, 873, 1022, 1025, 1084 u. s. w.

So haben wir metrisch eine vollkommene Neuarbeit.

Über den Lautstand ist wenig zu bemerken. Die Verse der Flohklage, deren Reime für Holtzwarts Indifferenz den neuen Diphthongen gegenüber sprechen, sind nicht übernommen bis auf 2: A 389 heruff : puff = B 1357 heruf : puff; A 549 auff : schluff = B 1611 mit reinerem Reim vff : schluf; vff aber war, wie erwähnt, noch allgemein gebräuchlich.

Andere sprachliche Härten Holtzwarts bemüht sich Fischarts sichtlich zu bessern: A 711 dann wann ich sie nur aneplick = B 2141 wan ich sie jzunt nur anplick; A 193 Und lausen dich herausser gschwind = B 1043 Und klauben hurtig dich heraus; A 319 Das jr sGwand vbern Kopff abhieng = B 1233 das jr der Rock ful vbern Kopf.

Was schliesslich die innere Umarbeitung und Ausdruck und Stil anbelangt, so ist zwar der epische Inhalt der Flohklage derselbe geblieben; in solcher Hinsicht zu ändern ist Fischarts Art nicht, auch das Marktgeschwätz der Weiber ist in richtigem Gefühle, doch nicht ganz unverändert, beibehalten. Aber wie noch lebendiger tritt uns der Stoff jetzt entgegen; überall springen die Funken von Fischarts Humor ins Auge.

Welch köstlicher Schatz davon findet sich gleich in den Flohnamen: Habhindenacht, Pfezsielind, Keckimschlaf, Springinsröckel u. s. f. (alphabetisch zusammengestellt von Kurz a. a. O. Bd. II. S. XXIV); Analoga zu den oben angeführten Benennungen des Ungeziefers im 2. Teil von A. Zwei solcher Namen übrigens brachte schon Holtzwart: V. 484 Beisshart vnd Zwicksi die zwen Trabanten, vielleicht würde Fischart hierdurch angeregt.

Und auch sonst bemerken wir das beliebte Spielen mit dem Worte:

V. 501 Sonder oft aim, so ist ringschätzig,
  Und nicht vil mächtig, prächtig, schwätzig.

V. 1213 f Nichts sah ich als ain rucken, zucken,
  Ain schmucken, bucken vnd ain trucken,
  Ain zwicken, stricken vnd ain knicken,
  Und vil zerriben gar zu stücken.

vgl. weiter 191, 361, 451, 1001, 1818, 1826, und als besonders charakteristisch auch noch die Beschreibung vom Trödel des alten Weibes am Grümpelmarkt V. 1370 f. Und dann, welche schier erdrückende Fülle von ausschmückenden Schnurren, Anekdoten, Facetien und Exempeln aus Sage nnd Geschichte. Oft, um den Gang nicht allzu sehr aufzuhalten, begnügt sich Fischart mit kurzen Hindeutungen: V. 60 f Vom schwetzen der Thir, 114 vom gegessenen Läberle, 140 vom Hündlein von Bretten, 163 von Crocodilsthränen, 531 vom Vogel Straus, 539 vom Raineke Fuchs vnd Bruninger, 583 vom Blinden vnd Lahmen, 667 vom tapfern Schneiderknecht, 721 erwähnt er Spartaner, 1087 Phalaris den Tyran, 1219 Römer und das Gold von Tholos, 1349 Tracula, der sein Mal vntern todten nam (?), 1667 den heiligen Lorenz, 1788 den heiligen Asmus, 1818 Ulysses vnd der Säuklops, 1886 spricht er von dem, dem Wasser troff ins Ohr, 2357 wird Hannibal genannt, 2367 des hasen Klag (v. H. Sachs), 2368 die Nus beim Nasó, 2438 der, da jm ain floh entran — Ruft den starken Herculem an.

In breiterer Ausführung finden wir Schwänke Von St. Peter 344 f, Vom dummen Wolf 885 f, Von der Statt vnd Fäldmaus 1917 f, Von ainer alt vnd jungen Maus 2052 f.

Hier, wie auch schon für den 2. Teil von 1573 ist Waldis' Esopus die Hauptquelle.

Die oben hervorgehobene Anknüpfung solcher Exempla mit ‚Gleich wie' ist ebenfalls häufig, s. 344, 600, 1037, 1658, 1747, 1817, 2274, 2289. Daneben steht manch treffliche Sentenz, manch sinnige Stelle, die zum Besten gehören, was Fischart geschrieben hat. So der Trost der Mucke 439 ff, klang- und inhaltvolle Worte über die Freundschaft 459, 559, und anderes V. 217, 471, 546, 573.

So haben wir in dieser Erneuerten Flohklage von 1577 ein äusserlich und innerlich ganz neues, echt fischartisches Werk. Durchaus anders stellt sich die Bearbeitung des 2. Teiles dar. Hier bleibt mit geringen Ausnahmen alles Alte stehen, und Fischart beschränkt sich darauf, der ersten Rezension neue Verse einzufügen.

Es entsprechen den 798 Versen von der Weiber Verantwortung (A 893—1690) in B 1276 (2493—3763): 21 alte sind gestrichen, 499 hinzugefügt worden; den 430 von der Flöh Urteil (A 1691—2120) in B 420 (3769—4188): 36 sind gestrichen worden, 26 neue hinzugekommen.

Was die fortgelassenen Verse betrifft, so ist es oft fraglich, was den Dichter bewogen; Kurz' Urteil (II S. XXVI), dass sie „reine Wiederholungen" enthielten, trifft nicht zu. Einige allerdings konnten überflüssig erscheinen; die meisten aber ebenso gut stehen bleiben, und um die Verse wie

A 2051 f: Dann dem Hund mindert auch die pein
Wann er beisst allzeit in den Stein
Dän man jhm nachgeworffen hat.

ist es sogar schade. Durch Streichung von Vers 1690 fiel die äussere Scheide zwischen den beiden Abschnitten.

Die Erweiterungen beruhen erstens in der breiteren Ausführung einzelner Rechtsgründe, zweitens sind mehrere Vergleiche und Exempla hinzugekommen: V. 2605—14 Vom Kaiser und Bettler; 2635—42 Von einer Frau und einem Floh, 2730 Vom Storch und Fröschen; 3053—3124 über Werwölfe u. dgl.; 3234 f Vom Mönch auf der Mülen; 3287 f Vom Teufel in der Messe; 3459 vom Herren und den Ratten; 4085 f Über Alexander v. Metz; 4150 f Über Cartheuser vnd Barfüsser. Dabei wird oft zu einem schon vorhandenen Vergleich ein zweiter neuer hinzugefügt:

Zu den Versen A 1539 f von den Einwohnern von Myus heisst es weiter

B 3599 Oder gleich wie die Abderiten,
Die for der Frösch vnd der Mäus wüten
Inn Macedonien verzogen.

3*

Zu A 2059 Ein gbott wider euch gan zu lau,
Gleich wie inn Engelland geschälien
Wider die grosse mäng der Krähen.
in B 4123 Und wie die Ulmer järlich sazten
Gbot wider die leidige Spatzen.

Fassen wir diese Beobachtungen über die Neuarbeit des Flöhhaz 1577 zusammen, so ergiebt sich folgendes:

Den 2. Teil von 1573 liess Fischart fast unverändert; er war schon seines Geistes Kind, und es lag kein Grund vor, ihn zu verwerfen. Bei der Redaktion desselben ging er zu Werke etwa wie bei der 2. und 3. Gargantua-Ausgabe, das Vorhandene ward nicht geändert, nur vermehrt, dem alten Bau nur neues Ornament hinzugefügt.

Bei der Flohklage von 1573 aber sah Fischart, wie sie so nichts von seinem Gepräge an sich trug, und um auch sie fortan sein eigen nennen zu können, dichtete er, den epischen Inhalt beibehaltend, sie nahezu völlig um. Wo er aber auch das Wort der Vorlage hinübernahm, da suchte er es wenigstens meist in seinem Sinne zu bessern; er reinigte den Reim, das Metrum, beseitigte sprachliche Härten und bemühte sich, den Ausdruck zu beleben (vgl. noch A 136, 575 = B 984, 1639 u. a.). Wäre die Flohklage von 1573 sein Werk gewesen, er hätte sicherlich nicht sich selbst in solchem Umfange korrigiert. So aber ‚erneuerte‘ er die Dichtung Holtzwarts ähnlich wie er 1588 die „Erneuwerte Beschreibung der wol gedenckwürdigen, Alten vnd warhafften verwunderlichen Geschicht: Von dem ... Herrn Petern von Stauffenberg ...“ herausgab, und so schuf er ein Werk, an dem wir noch heute den vollsten Genuss empfinden, das beste zweifellos, das er je geschrieben. So hoch wie 1573 die Flohklage Holtzwarts stofflich über den 2. Teil sich erhebt, so hoch steht Fischarts Erneuerte Flohklag über Holtzwart.

Der Flöhhaz Weiber Traz von 1577 also erscheint durchweg als ein Produkt Fischarts. Nun aber hatten auch die Stellen keine Berechtigung mehr, aus denen die Beziehung eines zweiten Dichters zu dem Werke sprach, und in der That, es fehlen jetzt nicht bloss die lateinischen Eingangs-

verse Holtzwarts, es fehlen auch in dem Schlussgedicht, das
in B nur 127 Verse enthält gegen 230 in A, die oben angeführten massgebenden V. 137 ff, und es heisst jetzt nach
Aufzählung einiger alten Muster gleich

V. 83 f   Derhalben mit dem Edlen haufen
Auch mitzuhetschen vnd zulaufen,
Den Flöhstreit wir eingfüret han.*)

Und jetzt nennt sich Fischart rechtmässig auch auf
dem Titel als Verfasser: Hultrich Elloposcleros, wie im
Gargantua und im Podagr. Trostbüchlein.

Erfreuen wir uns noch heut an der köstlichen Arbeit
Fischarts, wie musste sie erst von den lachlustigen Kindern
seiner Zeit aufgenommen werden. Schon die erste Rezension hatte „nicht genug gedruckt werden können", wie unser
Humorist scherzhaft und doch glaubwürdig versichert, und
die Umarbeitung hatte nicht geringeren Erfolg, das beweist
schon die neue (unveränderte) Auflage gleich des nächsten
Jahres. Es war ein stets willkommener, vielleicht der gang-
barste Verlagsartikel von Jobins-Geschäft. Und als Jobin
nicht lange nach seinem Schwager, einsfigen Korrektor und
Hausdichter 1593/4 starb, da gaben seine Erben als erstes
Buch eine neue Auflage des Flöhhazes heraus („bei Bern-
hard Jobins Erben"), und als 1600/1 Bernhards Sohn Tobias
(geb. am 4. Aug. 1570) das Geschäft des Vaters allein über-
nahm: das erste aus seinem Verlage uns bekannte Werk ist
der Flöhhaz 1601. Tobias Jobin starb 1606, und die Offizin
ging in die Hände des Johann Carolus über**), der schon seit

---

*) Das Flöhlied und die Rezepte sind unverändert beibehalten.
**) Vgl. die Vorrede zum Phil. Ehezuchtbüchlein 1607, unterzeichnet:
geben in Strassburg den 1. September 1607 Johann Carolus.
An den Edlen vnd Vesten Junckherr Wallraff Zuckmantel von
Brümat, Sässhafft zu Eckhendorff.
Wann dann grossgönstiger Junckherr E. V. mit mehr angezogenem
Herrn Bernhart Jobin seligen, der dann dises Tracttätlin Anno 91 auch
in Truck hat kommen lassen, etlich vil Jar lang in guter vertraulicher
correspondentz gestanden, dem auch von E. V. vil vnd mancherley guth

einiger Zeit in Strassburg druckte und verlegte, so war
1604 Wolfh. Spangenbergs Alcestis bei ihm erschienen.
Carolus edierte zunächst die Praktik, das Ehezuchtbüchlein,
die 15 Bücher vom Feldbau, den Gargantua und die Thierbilder
Fischarts aufs neue, dann liess 1610 auch er eine weitere
Auflage des Flöhhazes, die 5. und letzte bekannte, erscheinen.
Über diese seien zum Schluss noch einige Worte gesagt.

Sie bringt zu dem Text von 1577 zwei Zusätze: Voran
das dem Flöhhaz „zum Vortrab verordnete Lob der Mucken"*),
eine freie und erweiterte Übersetzung von Lucians Mückenlob
in 332 Versen, und, zwischen dem ersten und zweiten Teil
geschickt eingeschoben, „des Flohes Zanck vnd Strauss gegen
der Stoltzen Lauss", ein Dialog von 1485 Versen zwischen dem
Floh und seinem ekleren Genossen zur Abwehr der Verfolgung
des letzteren, dessen Scene sich unmittelbar an die Schluss-
worte der Flohklage anschliesst und der seinerseits ausdrücklich auf das dem Floh durch „der Weiber heimlich
Klag" bevorstehende „schrecklich Wetter" überleitet.

Goedeke in der 1. Aufl. des Grundrisses Bd. I S. 388
schrieb, veranlasst durch die Erwähnung eines „Schnacken
vnd Muckenlobs" im Gargantua 1582, diese Dichtungen
Fischart zu. Schon Kurz a. a. O. Bd. II S. XXVII trat,
allerdings ohne tiefere Begründung, dagegen auf, und auch
Wackernagel (Joh. Fischart. 1870 S. 115f) erklärte sich mit
einigen besseren Gründen gegen die Annahme, „dass Fischart
selbst der Verfasser sei". Trotz Wackernagel blieb Goedeke
bei seiner Ansicht; in seine Auswahl von Dichtungen unseres

---

vnd wolthaten ... erzeigt vnd bewisen worden, wie auch nachmals
Ehrngedachtes Herrn Bernharden Sohne H. Tobias seligen widerfahren,
darumb dann auch letzgedachter diss Büchlein wiederumb in newlicher
edition auss schuldiger danckbarkeit zu dediciren nicht vmbgehen sollen
noch wollen. So hab E. V. ich dises Ehezuchtbüchlin (weil mir dasselbig
neben andern Tractätlin in Erkauffung der Jobinschen Truckerey auch
zuhanden kommen u. s. w.

*) das ist der Fliege, vgl. daselbst V. 120f:
Ein fliegends Vöglein rechter art,
Welchs dann auch daher wird genant
Ein Fliege oder Muck bekand.
Unsere Mücke hiess Schnake.

Humoristen 1880 nahm er das Muckenlob auf, und in der
2. Aufl. des Grundrisses Bd. II S. 492 führt er dieses als
„sicher von Fischart" herrührend an und sagt von des
Flohes Strauss mit der Lauss, dass es „ohne begründeten
Zweifel gleichfalls von Fischart", und zwar zwischen 1582
u. 90, verfasst worden sei. Es erscheint somit nöthig, die
Ansicht eines so massgebenden Forschers noch einmal zu
prüfen. Die folgenden Beobachtungen sind hoffentlich ab-
schliessend.

Zunächst sei festgestellt, dass beide Dichtungen den-
selben Verfasser haben:

In der Vorrede zum Lob der Mucken heisst es V. 95f
(Kurz II, S. 123):

> So hab ich mich dessen bedacht
> Vnd Euch diss zum Bericht gemacht,
> Nämlich das Mücken Lob vorauss
> Und den Strauss des Flohs mit der Lauss.

und zusammen werden sie dem Flöhhaz entgegengestellt.
Denn, wie die Vorrede sagt, sind beide gedichtet worden,
um die Muck und die Lauss vor den Verfolgungen der
Weiber zu schützen, die diese gegen die Flöhe so sehr aus-
übten, V. 82f:

> Wie solchs ist aussgeführt genug
> In dem Büchlein Euch wol bekant,
> Flöh Hatz vnd Weiber Tratz genant.

und V. 107f sagt der Verfasser:

> Demnach hoff ich, so ihr ohn bschwerd
> Diss Büchlein mit fleiss lesen werd,
> So werden jhr Euch rechter massen
> An dem Flöhhatz benügen lassen
> Und nicht anfahn ein Newen Strauss
> Mit der Muck vnd der Frommen Lauss.

Halten wir uns nun vorzüglich an des Flohes Strauss, als
die originellere Schöpfung, so ergiebt sich allein schon
nach dem, was oben über Fischarts metrische und stilistische
Eigenart gesagt worden ist, dass diese Arbeit seinen Stempel
nicht trägt. Nicht nur fehlen all jene kleinen Reimkünste,
auch den echt fischartischen, wortspielenden Humor, ebenso

wie seinen beliebten Schmuck der Facetien und Exempel
vermissen wir durchaus; eine episodische Geschichte von
einer Bürgermeisterwahl in Thüringen nimmt nahezu 500 Verse
ein. Andererseits ist neben dem dem ganzen Gedichte zu
Grunde liegenden Gedanken im besonderen die Ausführung
der einzelnen Rechtsgründe der Laus denn doch meist zu
widerlich, als dass man Fischart derartiges zutrauen könnte:
s. bes. V. 350 f, 1160 f u. a. Letzteres sagen auch Kurz
und Wackernagel.

Dagegen finden sich deutliche Anlehnungen an den Flöhhaz und zwar so, wie der Dichter sie an sein eigenes Werk
schwerlich gemacht hätte. Gleich im Anfang lesen wir V. 23:

Aber schaw da! Botz Zinck, botz Tauss!

Da komt mein guter Freund, die Lauss

vgl. Fl. B. V. 53. Die Erzählung vom Kaiser und Bettler
V. 255—302 ist nur breitere Ausführung von Fl. B. 2605—14,
und oft sind Gedanken und Ausdrücke fast wörtlich, doch
ohne Bezugnahme auf die Quelle, hinübergenommen:

V. 97 Dann du gehörest eigentlich

Zu den Hunden.

s. Fl. 2544.

V. 151 Wir Flöh den Menschen inn gemein

Das böss Geblüt aussschräpffen fein

s. Fl. 233. V. 1454 Eva Beltz s. Fl. 2850 f, V. 133 jhr
schwartzen Teuffel, 985 u. ö. schwartzer Reutter, 1313
Beltzkrebs.

Auch die Sprache beider Gedichte zeugt gegen Fischart.
Positiv allerdings nicht; die ausgebildete Gemeinsprache ist
auch hier Grundlage, und auffällig erscheint nur dreimaliges
rugen, ruge für ruhen, Ruhe. Wohl aber negativ. Fischarts
Neigung zum alemannischen Dialekt zeigt sich, wie oben
ausgeführt, vorzüglich in zwei in den Reimen deutlich er-
kennbaren Erscheinungen: den zahlreichen Verdumpfungen
vor allem des a zu o und der Wandlung des st : scht. Diese
sind ihm so geläufig, dass sich unter je hundert fischartischen
Versen sicher die eine oder die andere findet. In den
1940 Versen unserer zwei Gedichte begegnen wir ihnen
auch nicht ein einzig Mal.

Was schliesslich die Erwähnung eines Schnacken und
Muckenlobs im Gargantua betrifft, so sehe ich darin keinen
Hinweis auf die 1610 erschienene Arbeit, die Schnaken
kommen in dieser sogar sehr schlecht weg:

vgl. V. 45 Nicht mit so vndfreundlichem sausen
  Wie die verhasten Schnacken brausen.

Man wird nicht alle kuriosen Titel im Gargantua für Hindeutungen Fischarts auf wirklich bearbeitete oder beabsich-
tigte Schöpfungen zu halten haben.

Dass das späte Erscheinen der beiden Gedichte, zwanzig
Jahre nach Fischarts Tod und weder bei Bernh. Jobin noch
dessen Erben noch Tobias Jobin, von vornherein natürlich
vorsichtig machen muss, sager schon Kurz und Wackernagel, und letzterer führt noch an, dass das Titelblatt 1610*)
„nicht unverständlich andeute, der Verfasser des Lobes der
Mucken und des Strausses . . . sei ein anderer als Fischart",
und ferner, dass, während der Flöhhaz es unterlasse, an
benannte Örtlichkeiten anzuknüpfen, dies im Strauss des   )
Flohes mehr als einmal geschele (W. denkt an V. 497, wo   ~·
Thüringerland, und V. 828, wo Ungerland erwähnt werden.)

Aus all diesem geht deutlich hervor, dass Goedekes
Ansicht in der That nicht länger haltbar ist.

Sehen wir uns nun nach einem andern Verfasser um,
so stossen wir auf keinen näheren und besseren als auf
Wolfhart Spangenberg. Ihm hat denn auch Wackernagel
(a. a. O. S. 115) beide Dichtungen zugeschrieben.

Spangenberg ist ein Anhänger und teilweise auch ein
Nachahmer Fischarts; ob er mit diesem noch in persön-
lichen Verkehr getreten, sei dahingestellt; er müsste bei
Fischarts sehr wahrscheinlichem Aufenthalte in Strassburg
1587/8 noch nicht nach Tübingen zum Studium gegangen
sein. Nach seiner Rückkehr nach Strassburg 1599 finden
wir ihn alsbald in der Thätigkeit eines Korrektors, wie an-

---

*) Flöh Hatz, Weiber Tratz: Der Wunder Vnrichtige, vnd Spott-
wichtige Rechtshandel der Flöhe, mit den Weibern: Weyland beschrieben
durch Huldrich Elloposcleron. Jtzt aber von Newem abgestossen, be-
hobelt, gemehret und geziehret, mit vorgehendem Lob der Mucken: Und
eingemischtem Dess Flohes Strauss, mit der Lauss u. s. w.

zunehmen bei Joh. Carolus, er hatte also zu diesem Nachfolger Jobins eine ähnliche Stellung wie dreissig Jahre vorher sein Vorbild Fischart zu Jobin selbst. 1607 erschien sein Ganss König. In der Vorrede zu diesem Werk sagt er: Weil aber vnder andern, auff ein zeit, zur Kurtzweil, mir durch die Phantasia eingeben ward zu betrachten: die wunderbare Art der Creaturen: da etliche mit sonderbahrer Einigkeit, andere hergegen mit vnversünlicher Zweytracht vnd wiederwertigkeit mit vnd gegen einander leben: fieng ich an zubeschreiben die Vrsach, warumb die Katzen vnd Mäuse so feindtselig wider einander seyen, vnd was sie für schwere Krieg gegen einander. geführet. Balt gab dieselbig Materi mir anleitung, aller Thiere Regiment vnd Königreich zubeschreiben u. s. w. Auf diesem Wege mochte es ihm nicht ungelegen kommen, wenn Carolus, um dem so lange stets unverändert aufgelegten Flöhhazbüchlein frisches Interesse des Publikums zuzuwenden, ihn aufforderte, passende Beiträge zu einer Neuauflage zu liefern. Dass er dabei in der Wahl des Stoffes sich teilweise vergriff und in der Ausführung nicht Mass hielt, lässt sich verstehen. In der Absicht, dem Charakter des Flöhhazes treu zu bleiben, dem zuweilen derben Tone desselben nicht nachzustehen, schloss er leicht über das Ziel hinaus. Sehen wir aber ab von dem, was des Flohes Strauss in dieser Beziehung für uns Unangenehmes bietet, so bleibt in diesem Werke doch ein nicht zu unterschätzender, trefflicher Kern übrig: das ist vor allem die erwähnte Geschichte von der Bürgermeisterwahl in Thüringen und ihren Folgen, die den epischen Hauptteil der Dichtung bildet, etwa wie der Kriegszug nach Pulicana den der Flohklage. Hier finden wir eine in frischem Ton lebhaft fortschrei‘ende Erzählung, eine fein behagliche Beobachtung und stellenweise köstlich drollige Darstellung menschlicher Schwächen (s. bes. V. 555f). Diese Eigenschaften aber weisen auf niemand besser als auf Wolfh. Spangenberg. Sein lebendig schildernder Stil, sein traulicher, oft wahrhaft entzückender Humor machen z. B. den Ganss König noch heut zu einem anziehenden, genussreichen Werke. Durch Spangenberg verstehen wir auch

die erwähnten Anlehnungen an den Flöhhaz am besten, durch
ihn auch die dialektfreie Sprache unserer beiden Gedichte,
denn diese deutet auf einen Mann, der wie Spangenberg in
Mansfeld in Mitteldeutschland in Luthers Nähe geboren ist
und dort die für die Festsetzung der Laute wichtigsten
Jahre verbracht hat (das erwähnte Rug für Ruhe findet sich
bei Sp. im Ganss König II, 405, im Saul V. 2443, in Mam-
mons Sold V. 833).

Die vorstehenden Hinweise sollen nur andeutend sein.
Es wird sich Gelegenheit finden, auf Spangenbergs tüchtige
Persönlichkeit näher einzugehen. Für seine Autorschaft
gegenüber dem Muckenlob und des Flohes Strauss werden
sich auch dann allerdings so zwingende Gründe nicht bei-
bringen lassen, wie wir zu dem Beweise anführen konnten,
dass Mathias Holtzwart der Verfasser der Flohklage ist.

THESEN.

1. Auch die Sprache Fischarts deutet auf Strassburg als seinen Geburtsort.

2. Das von Fischart 1584 herausgegebene Gedicht „die Gelehrten die Verkehrten" beruht auf älterer alemannischer Grundlage; doch ist Fischarts Anteil an der Bearbeitung grösser als der von Scherer (bei Kurz, Joh. Fischarts sämmtl. Dicht. II. S. XLIV) behauptete.

3. Das von Goedeke in seinem Grundriss 2 II. S. 505 No. 78 als „schwerlich von Fischart" angeführte „Prognosticon theologicum" ist von G. Nigrinus verfasst.

4. In dem eigentümlichen Verhältnis zwischen den Grammatikern Albertus aus Ostfranken und Ölinger aus Strassburg ist mit Raumer (Gesch. d. germ. Philol. 1870 S. 64) gegen Reifferscheid (A. D. B. Bd. 24 S. 302) Albertus für den Plagiator zu halten.

5. „Der Weise" in Goethes Faust I. V. 89 ist Swedenborg.

6. Über den angeblichen Verrat Peters von Vinea an Friedrich II. haben sowohl Huillard Bréholles (Pierre de la Vigne, Paris 1865) wie auch Schirrmacher (Friedrich II., 4 Bde. Göttingen 1859 f) unrichtig geurtheilt.

VITA.

Natus sum Paulus Johannes Koch Berolini die mensis Martii IV.
h. s. LXVI., patre Johanne Koch, quem novem ante annos mortuum
se adhuc lugeo, matre Maria e stirpe Sambeva. Fidei addictus
um evangelicae.

Postquam et Berolini et Steglitzi ad undecimum aetatis meae
inum scholam communem frequentavi, melior sors me tulit in
gymnasium Berolinense, quod vocatur Graues Kloster, quo ex
gymnasio mense Martio anno h. s. LXXXV. cum maturitatis testi-
onio discessi. Cuius scholae cum aliis praeceptoribus tum direc-
ri F. Hofmann pro magnis eius erga me beneficiis summam semper
ibebo gratiam.

Primum studiis me dedi theologiae, deinde philosophicis imprimis
:terarum germanicarum et historiae. Per tria semestria seminarii
germanici et historici eram sodalis. Audivi professores Bresslau,
urtius, Delbrück, Dilthey, Döring, Feller, Geiger, Hirschfeld,
übner, Jastrow, Koser, Lenz, Lommatzsch, Löwenfeld, Meyer,
aulsen, Rödiger, Scherer, Schröder, a Stein, Steinthal, E. Schmidt,
Schmidt, Tobler, a Treitschke, Weinhold. Quibus viris omnibus
ilde me obstrictum esse confiteor. Praecipue autem Maximiliano
ödiger et Erico Schmidt magnas hoc loco ago gratias.

www.ingramcontent.com/pod-product-compliance
Lightning Source LLC
Chambersburg PA
CBHW032124080426
42733CB00008B/1043